우리 코뿔소는
똥으로 내 땅을 표시해.

글 장선혜

한국외국어대학교에서 신문방송학을 공부했습니다. 1994년 출판미술대전 토이북상 대상을 받았고, 현재 출판 기획사 '하늘땅'의 대표로 있습니다. <수학 나라 이야기쟁이>, <웃음 단추>, <아가는 안 먹는대>, <샐리의 법칙>, <엄홍길, 또다시 히말라야로!> 등 많은 그림책을 기획하고 글을 썼습니다.

그림 혜마

대학교에서 미디어 디자인을 전공했습니다. 재미있고 개성 있는 캐릭터로 아이들에게 기쁨을 주는 그림책을 그리고 싶습니다. 행복에 관한 소소한 이야기를 묶은 작은 그림책 <행복한 입>을 독립 출판했습니다.

감수 박시룡

경희대학교 생물학과를 졸업하고 독일 본대학교에서 동물행동학을 전공하여 박사 학위를 받았습니다. 한국교원대학교 생물교육과 교수, 황새복원연구센터 소장을 지냈습니다. 지은 책으로 <와우! 우리들의 동물친구>, <동물행동학의 이해> 등이 있고, 옮긴 책으로는 <딱새를 속여 번식하는 뻐꾸기>, <진딧물을 길들이는 붉은개미> 등이 있습니다. KBS <동물의 세계>, <동물의 왕국>의 감수도 맡고 있습니다.

동물 · 동물의 의사소통 10 우린 이렇게 말해

장선혜 글 · 혜마 그림 · 박시룡 감수

펴낸곳 (주)아람키즈 | 펴낸이 이소영 | 주소 서울특별시 성동구 성수이로 147, 아이에스비즈타워 2F

고객센터 1644-4521 | 팩스 02-468-5548 | 홈페이지 www.aramkids.co.kr | 출판등록 제2020-000011호

기획 · 편집 · 디자인 (주)아람키즈 하늘땅

ISBN 979-11-6543-519-6 979-11-6543-574-5(세트)

우린 이렇게 말해

장선혜 글 · 혜마 그림 · 박시룡 감수

아람키즈

사람들은 사랑을 표현할 때에
이것저것 필요한 게 많대.

하지만 우리는 달라.

우리는 코만 있으면 돼.

둘이 서로 좋아한대.
개미

우리는 멋진 춤만
추면 돼.

우리는 커다란
노랫소리면 충분해.

우리는 꽁지 깃털을 펼치지.

사람들은 자기 땅을 표시할 때에도
울타리가 필요하대.

하지만 우리는 달라.

내 똥이 퍼진 곳은
다 내 땅이야.

뭐? 여기가 다 네 땅이라고?
쇠똥구리

나무에 나 있는
내 발톱 자국 보이지?

내 소리가 들리는 곳까지
모두 내 땅이야!
종다리
내 냄새를 맡았다면
이곳에는 들어오지 마!
호랑이

사람들은 힘을 겨룰 때에도
무기가 필요하대.

하지만 우리는 달라.

우리는 입만 있으면 돼.

하마
걔들은 만날 싸워.
악어

우리는 긴 목으로 싸울 수 있어.

머리를 맞대고 누가 이기나 볼까?

꼬리로 단단히 받치고
앞발로 하나 둘!

사람들은 소식을 전할 때에도
이것저것 필요한 게 많대.

하지만 우리는 달라.

우리는 똥으로 안부를 전하지.

동을 살펴보니 친구가 잘 살고 있군.

위험을 알릴 때에는

독특한 소리를 내기도 하고,

흰 꼬리를 세우기도 해.

이렇게 우리는 도구 없이도
이야기를 나누면서 살아가지.

신나는 과학놀이

문제 다음 중 화려한 **꽁지 깃털을 위쪽으로 활짝 펴서** 사랑을 표현하는 동물은 무엇일까요?

① 
종다리

② 
수컷 공작

③ 
암컷 푸른발부비

④ 
토끼

정답은? ① ② ③ ④

문제 동물들이 의사소통을 하고 있어요. 다음 중 **틀린 말**을 고르세요.

① 우리는 독특한 신호를 보내서 위험을 알려.

땅다람쥐

② 우리는 개굴개굴 노래를 불러 사랑을 표현해.

수컷 개구리

③ 우리는 머리를 맞대고 사랑을 표현하지.

소

④ 우리는 꼬리를 세워 위험을 알려.

흰꼬리사슴

정답은? ① ② ③ ④

정답: 2, 3